Cordula Tollmien

Jch-mag-dich-Geschichten

Zeichnungen von Lucy Keijser

Loewe

Die Deutsche Bibliothek – CJP-Einheitsaufnahme

Tollmien, Cordula:
Leselöwen-Jch-mag-dich-Geschichten / Cordula Tollmien.
Zeichn. von Lucy Keijser.
– 1. Aufl. – Bindlach : Loewe, 1996
(Leselöwen)
JSBN 3-7855-2880-9

JSBN 3-7855-2880-9 – 1. Auflage 1996
© 1996 by Loewe Verlag GmbH, Bindlach
Jn anderer Ausstattung 1989 erstmals im Loewe Verlag erschienen.
Umschlagillustration: Lucy Keijser
Satz: Fotosatz Leingärtner, Nabburg
Gesamtherstellung: L.E.G.O. S.P.A., Vicenza
Printed in Jtaly

Jnhalt

Pit

Pit ist ein Hund. Nicht besonders groß und nicht besonders schön. Die meisten Leute sagen, Pit sieht wie ein Wildschwein aus.

Nur Dirk findet, daß er wie ein Löwe aussieht. „Guckt mal", sagt er, „Pit hat eine richtige Mähne."

Doch die anderen Kinder lachen ihn aus: „Der und ein Löwe. Du hast sie wohl nicht mehr alle."

Pit ist wirklich kein besonders toller Hund. Eigentlich bellt er nur den ganzen Tag. Besonders, wenn er allein ist. Wenn dann jemand kommt, um mit ihm zu spielen, bellt er wieder. Diesmal vor Freude. Aber richtig spielen kann man mit ihm auch nicht. Wenn man ihn aus Versehen falsch anfaßt, fängt er an zu quieken und zu winseln. Und wenn man Stöckchenwerfen mit ihm spielen will, verkriecht er sich.

Dirk weiß, weshalb Pit das macht. Pits

Herrchen hat es ihm erzählt. Pit war
früher bei einem anderen Mann, und der
hat ihn mit einem Stock geschlagen.
Jmmer wieder. Deshalb hat Pit jetzt noch
Angst, wenn er einen Stock sieht.

Viel los ist wirklich nicht mit Pit. Aber
die Kinder mögen ihn trotzdem. Er freut
sich immer so, wenn man ihn streichelt.
Und man kann mit ihm spazierengehen.
Natürlich nur an der Leine. Pit ist nicht
klug genug, um auf die Autos aufzupassen.
Er rennt immer einfach so über die Straße.

Wenn man einen Tennisball nimmt und keinen Stock, kann man auch mit ihm spielen. Wirft man den Ball weit weg, rennt Pit aufgeregt hinterher. Manchmal bringt er den Ball sogar zurück. Nur wieder hergeben will er ihn dann meistens nicht. Erst wenn es ihm zu langweilig wird, auf dem Ball rumzukauen, läßt er ihn los.

Eines Tages kommt ein neuer Hund in die Straße. Ein großer Hund. Eigentlich ist es eine Hündin. Sie heißt Anka, und sie ist wirklich toll. Sie gehorcht aufs Wort.

Auch den Kindern gehorcht sie. Sie bringt die Stöckchen wieder, die sie werfen, und legt sie den Kindern vor die Füße. Sie kommt, wenn man ruft. Und Florian, der noch nicht richtig laufen kann, kann sich an ihr festhalten. Wirklich ein prima Hund. „Besser als ein Kindermädchen", sagt Florians Mutter.

Nur Pit kann Anka nicht leiden. Er steht hinter dem Zaun und kläfft jedesmal wütend, wenn Anka vorbeikommt.

Auch wenn Anka ganz freundlich ihre schwarze Schnauze durch den Zaun steckt, kläfft er. Anka kläfft nicht. Sie bellt nur einmal kurz. Ganz tief und rauh klingt das. Pit kläfft hoch und schrill.

Die Kinder rufen Anka zurück, und sie gehorcht. Sie dreht sich nur noch einmal nach Pit um, weil der immer weiterbellt.

Pit bellt auch noch, als Dirk sich über den Zaun beugt. Dirk geht rein zu Pit. Pit bellt. Dirk hockt sich hin und sagt: „Was hast du denn, Pit? Komm her. Sei doch ruhig, komm her."

Pit hört endlich auf zu bellen und kommt langsam auf Dirk zu. Er schnuppert an seinen Knien und läßt sich auf dem Rücken

streicheln. Dann kommt er noch ein Stück
näher und drückt sich ganz nah an Dirk.

„Jst ja schon gut", sagt Dirk und krault
ihn hinter den Ohren. Pit läßt sich auf den
Rücken fallen. Er streckt alle vier Beine in
die Luft und sieht Dirk schräg von unten
an. Der versteht schon. Pit will auf dem
Bauch gekrault werden. Das hat er am
liebsten.

„Laß doch den blöden Köter", rufen die
anderen Kinder. „Komm lieber mit. Wir
gehen mit Anka zum Spielplatz."

„Nein", sagt Dirk, „ich komme nicht mit. Jch bleibe bei Pit."

Pit bellt diesmal nicht, obwohl Anka am Zaun steht. Er springt an Dirk hoch und wedelt mit dem Schwanz.

Die anderen Kinder gehen, und Dirk setzt sich auf den Rasen. Pit läuft aufgeregt um ihn herum und leckt ihm dann plötzlich einmal quer durchs Gesicht.

„Pfui, Pit", schimpft Dirk. Aber er lacht dabei.

Das Walroß

Niemand kann Anette leiden. Sie ist dick und hat immer schlechte Laune. Sie lacht nie. Und obwohl sie immer alle Taschen voller Süßigkeiten hat, gibt sie nie etwas ab.

Dafür läßt sie sich prima ärgern. Sie kann nicht schnell laufen. Und schimpfen kann sie auch nicht, weil sie immer einen vollen Mund hat.

„Komm her, du dickes Walroß", rufen die anderen Kinder. Anette kommt. „Wetten, daß du dich nicht traust, über das Loch hier zu springen."

Das Loch haben heute morgen die Bauarbeiter gegraben. Sie müssen Rohre in der Straße verlegen. Ein Rohr ist schon drin.

Anette steht vor dem Loch.

„Feigling, Feigling", schreien die anderen Kinder und zeigen mit dem Finger auf Anette. „Das Walroß traut sich nicht."

16

Anette traut sich doch und springt. Aber sie fällt in das Loch. Jetzt sitzt sie drin. Jhre Knie sind kaputt, und sie heult. Sie kann nicht wieder raus.

Die anderen Kinder lachen sie aus.

Anette wischt sich mit der Hand über das Gesicht und hat jetzt Dreckstreifen im Gesicht.

„Ein Walroß mit Zebrastreifen", schreien die Kinder. Anette streckt ihnen die Zunge raus, aber das hilft auch nicht. Die anderen Kinder hauen ab. „Das Walroß sitzt im Loch", schreien sie. „Das Walroß sitzt im Loch."

Anette schnieft und rappelt sich hoch. Sie setzt sich auf das Rohr, holt sich einen Lutscher aus der Tasche und fängt an zu lutschen.

„Na du", sagt plötzlich eine freundliche Stimme von oben. „Jst es da unten gemütlich?"

Anette erschrickt. Sie guckt nach oben und sieht in ein Gesicht, das genauso rund ist wie ihres. Das Gesicht gehört dem Polen Karol, der im Sommer hier im Dorf arbeitet. Er hilft den Bauern bei der Kirschernte. Er war schon dreimal hier. Sein Deutsch klingt ein bißchen komisch, aber Anette kann ihn gut verstehen.

„Wohnst du hier?" fragt er. Anette
schüttelt den Kopf.

Karol lacht. „War nur Spaß", sagt er.
Dann springt er runter zu ihr ins Loch und
setzt sich neben sie.

„Hast du noch einen?" fragt er und zeigt
auf den Lutscher.

Anette nickt. Sie holt einen aus ihrer
Tasche und gibt ihn Karol.

„Bist du reingefallen?" fragt Karol.

Anette nickt wieder.

„Und warum kommst du nicht wieder raus?"

„Jch kann nicht", sagt Anette.

„Na", sagt Karol, „dann mußt du hierbleiben."

Sie sitzen da und lutschen.

Plötzlich lacht wieder jemand über ihnen. „Guckt mal", ruft einer, „das gibt es doch nicht. Jetzt sitzen zwei Walrosse im Loch." Die Kinder sind wieder da und lachen sich fast tot.

„Walroß?" fragt Karol und sieht Anette an.

„Das ist ein Tier", sagt Anette. „Es ist ziemlich dick."

„Ach so", sagt Karol. Dann lacht er auch. Er zeigt erst auf sich und dann auf Anette und sagt: „Zwei Walrosse." Er sagt das so komisch, daß auch Anette lachen muß. Und dann lachen sie beide zusammen. Sie können gar nicht wieder aufhören.

„Zwei Walrosse", lacht Anette und pikst Karol mit ihrem Zeigefinger in den Bauch.

Als sie sich endlich wieder beruhigt haben, sagt Karol „Komm!" und gibt Anette die Hand. Zusammen klettern sie aus dem Loch. Es geht ganz leicht.

Oben klopft Karol sich seine Hose sauber. Dann gibt er Anette ganz feierlich die Hand. Er verbeugt sich und sagt: „Auf Wiedersehen. Es war mir ein Vergnügen, dich kennenzulernen. Du bist ein nettes Mädchen."

Anette wird puterrot.

Karol geht los. Die anderen Kinder
stehen um Anette herum. Plötzlich schreit
eins: „Anette liebt Karol."

Anette ballt die Fäuste und will auf den
Schreier losgehen. Doch da dreht sich
Karol an der Ecke noch einmal um und
winkt. „Tschüs", ruft er.

Da winkt Anette lieber zurück und ruft
auch: „Tschüs."

Danach will sie gehen. Als sie gerade
drei Schritte weg ist, ruft eines der Kinder:

„Sag mal, du Walroß, willst du vielleicht mitspielen?"

Anette bleibt stehen, dreht sich um und sagt: „Klar doch, du Blödmann."

Der Blödmann grinst und hält ihr einen Federballschläger hin. Dann spielen sie zusammen. Die anderen Kinder gucken zu.

So schlecht ist Anette gar nicht. Sie trifft den Ball ganz schön oft. Und als der Ball einmal ins Loch fällt, klettert sie rein und holt ihn ganz allein wieder raus.

Clara

Alle mögen Clara. Sie ist immer freundlich und lacht viel. Sie ist gut in der Schule
und hilft allen, die nicht so gut sind wie sie.

Auch Sandra mag Clara sehr gern. Sie
bewundert Clara und findet sie sehr
schön. Aber Clara ist zu allen nett und
freundlich und beachtet Sandra nicht
besonders.

Sandra hat heute Bonbons mitgebracht.
Sie traut sich erst nicht, Clara eins davon
anzubieten. Als sie es dann doch macht,
sagt Clara nur freundlich „Danke". Dann
redet sie gleich wieder mit einer anderen.

Sandra geht traurig weg. Sie stellt es sich
so schön vor, mit Clara zusammenzusein.

Sie könnten zusammen spielen, und sie könnte Clara ihr Kaninchen zeigen. Das Kaninchen läuft frei in der Wohnung herum und ist wirklich sehr lustig. Es knabbert Vorhänge und Bücher an, und man muß aufpassen, daß es sich dabei nicht den Magen verdirbt.

Aber vielleicht interessiert sich Clara nicht für Kaninchen. Dann könnte Sandra ihr ihren Zauberkasten zeigen. Sie kann schon den Trick mit dem Ei: Erst hat sie es in der Hand, und dann ist es plötzlich in der Tasche. Aber vielleicht findet Clara das auch doof.

Sandra findet Clara so schön und wunderbar, daß sie sich selbst ganz klein und dumm vorkommt.

Eines Tages kommt Clara nicht in die Schule. Niemand weiß, warum. Erst drei Tage später sagt ihnen die Lehrerin, daß Clara einen Unfall hatte. Zum Glück hat sie nur ein Bein gebrochen. Aber sie muß lange zu Hause bleiben, weil der Bruch kompliziert ist.

„Jhr könnt sie besuchen", sagt die Lehrerin, „und ihr bei den Schularbeiten helfen. Wer will das tun?"

Alle melden sich. Die Lehrerin sucht drei aus. Sandra ist nicht dabei.

Ein paar Tage später geht Sandra trotzdem zu Clara. Es sind noch andere aus ihrer Klasse da.

Sandra hat Clara ein Buch mitgebracht. „Es ist meins", sagt sie. „Jch leihe es dir. Du hast doch jetzt viel Zeit zum Lesen."

Clara sagt „Danke". Dann erzählt sie von ihrem Unfall.

Seitdem geht Sandra fast jeden Tag zu Clara. Manchmal ist noch jemand von den anderen da. Aber meistens ist sie allein.

„Den anderen ist es zu langweilig", sagt Clara. „Das dauert so lange mit meinem Bein. Jch muß auch noch mal ins Krankenhaus. Dann machen sie den Gips ab. Drinnen in meinem Bein ist eine Stahlplatte. Die müssen sie später auch noch rausmachen."

„Hast du keine Angst?" fragt Sandra.

„Doch", sagt Clara leise. „Jch muß auch erst wieder laufen lernen, hat der Arzt gesagt."

„Jch helfe dir", sagt Sandra.

„Ja", sagt Clara, „tust du das?"

„Klar", sagt Sandra, „und dann gehen wir zu mir, und ich zeige dir mein Kaninchen."

„Au ja", sagt Clara. Aber sie sieht traurig aus.

„Was hast du?" fragt Sandra.

„Die anderen mögen mich nicht mehr", sagt Clara.

„Doch", sagt Sandra.

„Nein", sagt Clara.

An dem Tag geht Sandra ganz bedrückt nach Hause. Sie war so froh, daß sie Clara für sich hatte. Aber jetzt ist Clara traurig.

Am nächsten Tag in der Schule meldet Sandra sich. „Kann ich mal was wegen Clara sagen?" fragt sie.

Die Lehrerin ist erstaunt. „Ja", sagt sie, „wenn es nicht zu lange dauert."

„Clara", sagt Sandra. Sie muß sich räuspern, weil sie einen Kloß im Hals hat. „Clara ist ganz traurig, weil sie niemand mehr besucht. Jhr müßt sie wieder alle besuchen." Dann setzt sich Sandra ganz schnell hin. Sie muß beinahe weinen.

„Ja", sagt die Lehrerin. „Sandra hat recht. Jhr müßt Clara besuchen."

Alle versprechen es.

An diesem Nachmittag hat Sandra gar keine Lust, zu Clara zu gehen. Aber dann hält sie es doch nicht aus.

Als ihr Claras Mutter die Tür aufmacht, hört sie schon die lauten Stimmen aus Claras Zimmer.

„O Sandra", sagt Claras Mutter. „Was machst du denn für ein finsteres Gesicht?"

Sandra antwortet nicht.

„Na ja", sagt Claras Mutter, „dann geh mal schnell rein. Clara hat schon nach dir gefragt."

„Wirklich?" fragt Sandra und strahlt plötzlich wieder.

„Natürlich", sagt Claras Mutter, „du bist doch ihre beste Freundin."

Sandra strahlt noch mehr. Sie kommt sich plötzlich ganz groß und stark vor.

Sie geht in Claras Zimmer und setzt sich zu Clara auf den Bettrand.

„Hallo", sagt Clara, „da bist du ja endlich."

Das Maschinengewehr

Andrea spielt am liebsten mit Denis. Er ist lustig und fröhlich und genauso alt wie sie.

Denis ist hellblond, und Andrea hat fast schwarze Haare. Die Erwachsenen lachen manchmal, wenn sie sie zusammen sehen: „Schwarz und weiß", sagen sie, „wie verkehrte Zwillinge."

Oder sie sagen: „Jhr seid wohl wirklich unzertrennlich. Macht ihr eigentlich auch noch mal was allein?"

Meistens antworten Denis und Andrea gar nicht darauf. Manchmal sagen sie: „Jst das etwa verboten?" Dann lachen die Erwachsenen noch mehr und sagen: „Natürlich nicht."

Denis und Andrea spielen oft oben am Waldrand. Dort sind sie ungestört. Sie bauen Höhlen für ihre Tiere und Teddys. Oder sie kämpfen wie Ritter mit Lanzen und Schwertern aus Stöcken.

Dort oben ist auch ein Sandhaufen, der vom Bauen übriggeblieben ist. Da üben sie Weitsprung. Sie sind beide gleich gut.

Als Denis Geburtstag hat, lädt er Andrea und ein paar andere aus seiner Klasse ein. Ja, und dann passiert diese dumme Geschichte mit dem Maschinengewehr.

Denis hat von seinem Großvater ein Maschinengewehr geschenkt bekommen. Es ist aus Plastik und schwarz und hat

34

einen Gurt zum Umhängen. Denis hat es schon um, als Andrea und die anderen kommen.

Auch beim Kuchenessen legt er das Maschinengewehr nicht weg, obwohl seine Mutter schimpft. Als sie später auf der Straße spielen, ballert er dauernd damit rum. Niemand darf es haben. Selbst die Jungen aus seiner Klasse nicht.

Dann gehen sie zu dem kleinen Bach, und Denis ballert ins Wasser.

„Ratatatatttt", macht er dazu und zielt auf alles, was sich bewegt.

Andrea findet das Maschinengewehr eigentlich gar nicht besonders toll. Aber es ist langweilig, wenn Denis immer nur allein damit schießt. Deshalb fragt sie ihn, ob sie das Gewehr nicht doch mal haben kann. Und obwohl sich Denis eben noch so damit angestellt hatte, sagt er jetzt plötzlich „na gut" und gibt es ihr.

Andrea nimmt das Gewehr und beugt sich über das Geländer. Dabei verhakt sich der Gurt im Geländer. Sie zieht. Das Gewehr rührt sich nicht. Sie zieht noch einmal, und ratsch ist der Gurt wieder frei.

Aber durch den plötzlichen Ruck fällt Andrea nach vorn. Sie muß sich am Geländer festhalten und läßt dabei das Maschinengewehr los. Es fällt ins Wasser und wird sofort weggetrieben.

Denis ist erst ganz still. Dann packt er Andrea am Arm und schüttelt sie und schreit: „Du blöde Ziege. Jmmer machst

du alles kaputt. Nichts kann man dir
geben. Mein schönes Gewehr." Er stampft
mit dem Fuß auf und schreit und weint
gleichzeitig.

Der Opa von Denis kommt, weil er das
Geschrei gehört hat. Als er begriffen hat,
was los ist, sieht er Andrea böse an. Zu
Denis sagt er: „So was gibt man ja auch
nicht aus der Hand. Und schon gar nicht
Frauen."

Andrea hat die ganze Zeit nichts gesagt. Jetzt dreht sie sich einfach um und rennt los. Dabei preßt sie sich die Hände auf die Ohren, damit sie nicht hört, wie Denis hinter ihr herschreit.

Zu Hause schmeißt sie sich auf ihr Bett und heult los. Jhre Mutter kommt und will sie trösten.

Aber Andrea will sich nicht trösten lassen.

Sie liegt schon im Bett, als es an der Tür klingelt.

„Ach Denis", hört sie ihre Mutter sagen. „Du willst sicher zu Andrea."

Andrea zieht schnell ihre Bettdecke bis unter ihr Kinn. Da steht Denis schon in der Zimmertür.

„Jch wollte dir deinen Gewinn bringen", sagt er.

„Aber ich habe doch nichts gewonnen", sagt Andrea.

„Jch habe ihn für dich gewonnen", sagt Denis. „Willst du ihn haben?"

38

Andrea nickt. Denis kommt näher und
gibt ihr einen kleinen Plüschhasen.

„O wie schön", sagt sie. „Danke."

Dann wissen sie beide nicht mehr, was
sie sagen sollen.

„Also", sagt Denis schließlich, „ich muß
wieder los. Jch bin aus dem Fenster
geklettert, und das dürfen die zu Hause
nicht merken."

Andrea nickt. Sie ist plötzlich unheimlich froh, aber sie weiß nicht, wie sie das zeigen soll.

„Es tut mir leid", sagt sie dann, „das mit deinem Gewehr. Das wollte ich wirklich nicht."

„Schon gut", sagt Denis, „mein Vater hat sowieso gesagt, daß Maschinengewehre blöd sind. Bis morgen", sagt er dann noch, und weg ist er.

„Bis morgen", sagt Andrea leise vor sich hin, obwohl Denis es gar nicht mehr hören kann.

Jch

Daniels Mutter hat Geburtstag. Sie bekommt viele Geschenke. Als sie alles ausgepackt hat, fragt sie Daniel: „Und du, Daniel, hast du auch ein Geschenk für mich?"

Daniel strahlt sie an und streckt ihr eine Streichholzschachtel entgegen.

Die Mutter nimmt die Schachtel und guckt etwas verwundert. Sie schiebt die Schachtel auf. Drinnen ist ein Stück Papier, auf dem mit großen Buchstaben JCH steht.

Daniel hat das Papier irgendwo abgerissen. Die Buchstaben sind schief und krumm.

„Papa hat mir beim Schreiben geholfen", sagt er und sieht seine Mutter gespannt an.

Doch die Mutter runzelt die Stirn. „Du hast die Schachtel noch nicht einmal beklebt", sagt sie. „Und dabei habe ich dir so schönes Buntpapier gekauft. Du hast dir überhaupt keine Mühe gegeben. Noch nicht einmal an meinem Geburtstag gibst du dir Mühe."

Und zum Vater sagt sie vorwurfsvoll: „Und du hast ihm sogar noch dabei geholfen."

Der Vater versteckt sich hinter der Zeitung. „Jch habe ihm doch nur die Buchstaben gezeigt", brummt er. „Woher sollte ich denn wissen, wozu er das braucht."

Daniel schämt sich. Am liebsten würde er sich irgendwo verstecken und weinen. Aber das tut er nicht. Er guckt nur die ganze Zeit auf seine Füße und hofft, daß die Mutter nichts mehr sagt. Gerade heute, wo sie so schön aussieht, wollte er ihr so gern eine Freude machen. Aber es hat mal wieder nicht geklappt.

Die Mutter legt die Schachtel ganz hinten auf ihren Geburtstagstisch.

Am Nachmittag kommt dann Mutters Schwester, Tante Gerhild. Sie bewundert die Geschenke und findet die Schachtel. Sie zieht sie auf und weiß sofort, von wem sie ist.

„Mensch, toll", sagt sie zu Daniel. „So gut kannst du schon schreiben."

Und zur Mutter sagt sie: „Da hast du dich sicher sehr gefreut. So ein schönes Geschenk hätte ich auch gern."

Die Mutter guckt die Tante etwas verlegen an. Dann sieht sie zu Daniel hin. Sie weiß nicht, was sie machen soll.

Schließlich sagt sie: „Ja, ich habe mich sehr gefreut."

Sie lächelt Daniel an.

Daniel lächelt zurück.

Aber später beim Kaffeetrinken setzt er sich doch lieber neben Tante Gerhild, obwohl seine Mutter extra gesagt hat, daß er sich neben sie setzen soll.

Simon

Eigentlich heißt Simon gar nicht Simon, sondern Markus. Das heißt, Simon heißt er auch. Das ist nämlich sein Nachname. Markus Simon – so ist sein richtiger Name.

Aber in seiner Klasse sind noch zwei Jungen, die Markus heißen. Deshalb hat die Lehrerin am Anfang immer „Markus Simon" gesagt, wenn sie ihn aufgerufen hat. Es ist aber ziemlich umständlich, immer zwei Namen zu sagen, wenn man nur ein Kind meint. Deshalb hat die Lehrerin mit der Zeit immer öfter „Simon" zu ihm gesagt. Jrgendwann hat sie dann wohl vergessen, daß er eigentlich Markus heißt. Seitdem sagt sie nur noch „Simon", und alle anderen aus seiner Klasse tun das auch.

„Jch habe eben zwei Namen", sagt Markus zu seiner Mutter, die es nicht mag, wenn ihn seine Freunde „Simon" nennen.

„Einen für die Schule und einen für zu Hause. Mir gefallen beide."

„Na gut", sagt die Mutter. „Aber für mich bleibst du weiter Markus."

„Klar", sagt Markus und will losrennen, weil draußen einer seiner Freunde „Simon" ruft. Sie wollen Fußball spielen.

„Halt", ruft die Mutter, „hiergeblieben."

Simon kann sich schon denken, worum es geht. Sicher soll er erst seine Schularbeiten machen. Das ist jeden Nachmittag das gleiche.

„Komm her, Markus", sagt die Mutter, „ich muß mit dir reden. Es geht um die Schularbeiten."

Also doch, denkt Markus.

„Jch habe mir da etwas überlegt", sagt die Mutter. „Wenn wir beide uns hier zusammen hinsetzen, gibt es ja doch immer nur Streit. Mich macht das einfach verrückt, daß du keine Minute still sitzen kannst."

Markus guckt auf den Fußboden.

„Sieh mich an", sagt die Mutter. „Jch will heute nicht schimpfen. Aber du weißt ja selbst, wie das ist. Jch habe mit deiner Lehrerin gesprochen. Sie hat gesagt, es wäre vielleicht gut, wenn jemand mit dir übt, den du nicht kennst."

Markus bekommt einen Schreck.

Doch ehe er etwas sagen kann, spricht seine Mutter schon weiter: „Jch habe deshalb Angelika gefragt, ob sie Lust hat, dir bei den Schularbeiten zu helfen, und sie hat ja gesagt."

47

Seine Mutter sieht ihn erwartungsvoll an.

„Na", fragt sie, „was hältst du davon?"

„Angelika kenne ich doch", sagt Markus. „Sie wohnt nebenan."

Die Mutter lacht. „Das stimmt schon", sagt sie, „aber so gut kennst du sie auch wieder nicht. Jedenfalls nicht so gut wie mich."

Da hat die Mutter natürlich recht.

„Also los", sagt die Mutter, „nimm deine Sachen und geh rüber."

„Sofort?" fragt Markus.

„Natürlich sofort", sagt die Mutter. „Oder habt ihr etwa nichts auf?"

„Doch", sagt Markus.

„Na, dann los", sagt die Mutter, und Markus geht.

Jhm ist ziemlich komisch zumute. Schließlich ist Angelika schon sechzehn, und er ist erst acht. Vielleicht lacht sie ja über ihn.

Markus klingelt, und Angelika macht die Tür auf.

„Hallo, Simon", sagt sie und lächelt ihn an.

Simon will „Hallo, Angelika" sagen, aber er bringt keinen Ton raus.

„Komm rein, Simon", sagt Angelika, „oder soll ich Markus sagen?"

Simon schüttelt den Kopf.

„Okay", sagt Angelika. „Simon gefällt mir auch viel besser. Das ist wirklich ein besonderer Name."

Simon sagt immer noch nichts. Aber von da an findet er „Simon" auch schöner als „Markus". Viel schöner sogar.

Sie gehen ins Wohnzimmer. Simon setzt sich an den runden Wohnzimmertisch. Sie lächelt ihn wieder an und sagt: „Dann wollen wir mal."

Simon schlägt sein Heft auf und zeigt ihr, was sie abschreiben sollen.

„Na, dann los", sagt Angelika, und er fängt an. Die Zunge schiebt er zwischen die Zähne, weil er es diesmal besonders gut machen will.

Angelika guckt Simon über die Schulter. Das macht ihn nervös, aber er mag es auch.

Beim Rechnen sagt sie ihm alles vor, und deshalb ist er heute sehr schnell damit fertig.

„Bis morgen", sagt sie an der Tür, und Simon nickt.

Seine Mutter ist im Garten und fragt ihn sofort: „Na, wie war's?"

Er sagt: „Es ging." Aber in Wirklichkeit fand er es sehr schön.

Von da ab geht Simon jetzt jeden Nachmittag zu Angelika. Seine Mutter ist ganz erstaunt, weil er immer sofort nach

dem Mittagessen rüberläuft. Aber sie
freut sich darüber. Sie guckt nur komisch,
als er sich vorher einen neuen Pulli anzieht
und sich sogar die Haare kämmt. Doch
zum Glück sagt sie nichts.

Drüben bei Angelika ist Simon meistens
sehr schnell mit den Schularbeiten fertig.
Er findet die Aufgaben auch gar nicht
mehr so schwer wie früher. Sogar das
Schreiben geht jetzt einigermaßen.
Einmal hat Simon sogar gemerkt, daß
Angelika sich verrechnet hatte. Angelika
hat gelacht und gesagt: „Na, da brauchst
du mich ja bald nicht mehr."

Weil heute so schönes Wetter ist,
machen sie die Schularbeiten im Garten.

Nach den Schularbeiten malen sie
beide ein Bild. Auch Angelika. Plötzlich
kommt ein Windstoß, und ihr Bild fliegt
weg. Sie laufen beide hinterher, aber sie
kriegen es nicht. Kreuz und quer laufen
sie lachend durch den Garten, aber
immer wieder wird es fortgewirbelt.

Schließlich ist es ganz weg, und sie
können es nicht mehr finden. Jetzt sind
sie ganz außer Atem. Sie legen sich auf
die Wiese, um sich auszuruhen. Das
Laufen und Lachen war schön. Aber
Simon ist auch traurig, weil das Bild weg
ist. Angelika hat ihm erzählt, daß sie ein
Pony gemalt hatte – mit Simon oben-
drauf als Reiter. Sie hätte ihm das Bild
geschenkt.

„Komm", sagt Angelika. „Sei nicht traurig. Wir gehen ein Eis essen."

Simons Freunde sind auf der Straße und spielen Fußball. Natürlich schießt einer von ihnen Angelika einen Ball in die Hacken. Simon wird furchtbar wütend und will auf ihn losgehen. Doch Angelika hält ihn am Arm fest: „Ach laß doch", sagt sie. „Das hat doch nicht weh getan." Sie schießt den Ball in hohem Bogen zurück.

Simon sieht genau, daß seine Freunde beeindruckt sind. Denn das war wirklich ein guter Schuß.

Jn der nächsten Rechenarbeit schreibt Simon eine Zwei und im Diktat eine Drei. Er kann es selbst nicht glauben.

Und dann sagt die Mutter beim Abendbrot plötzlich: „Hör zu, Markus. Jch freue mich sehr, wie gut du in der Schule geworden bist. Der Unterricht bei Angelika war wirklich ein voller Erfolg. Jch glaube, du brauchst jetzt keine Hilfe mehr. Jch habe auch schon mit Angelika gesprochen.

Ab morgen gehst du nicht mehr hin. Du kannst deine Aufgaben jetzt alleine machen."

Simon springt auf. Er ist wütend und traurig.

„Du bist gemein", schreit er seine Mutter an. „Alles verdirbst du einem. Aber du wirst schon sehen, was du davon hast. Jch heirate sie einfach, und dann hilft sie mir immer. Außerdem heiße ich Simon, das kannst du dir endlich auch mal merken."

Er läuft aus dem Zimmer. Eigentlich wollte er das alles gar nicht sagen. Es ist ihm so rausgerutscht.

Simon liegt auf dem Bett und würde am liebsten heulen. Er tut es aber nicht.

Eine Viertelstunde später kommt seine Mutter. Sie bringt ihm sein Abendbrot und setzt sich zu ihm ans Bett.

„Hör zu", sagt sie vorsichtig. „Was hältst du davon, wenn du ab jetzt noch einmal in der Woche zu Angelika gehst? Nur so, vorsichtshalber, falls du doch noch nicht alles allein kannst."

„Prima", sagt Simon und gibt seiner Mutter einen Kuß. Sie ist doch nicht gemein. Sie ist fast so toll wie Angelika.

Cordula Tollmien wurde 1951 in Göttingen geboren. Sie studierte Mathematik, Physik und Geschichte. 1980 begann sie, auch literarisch zu arbeiten. Sie schrieb zunächst nur für Erwachsene, in erster Linie Kurzprosa. Seit 1986 schreibt sie auch für Kinder. Für ihr erstes Kinderbuch „La gatta heißt Katze" erhielt sie den Peter-Härtling-Preis für Kinderliteratur.

Lucy Keijser wurde 1957 auf der Jnsel Texel geboren. Sie studierte Modeillustration, aber das Jllustrieren von Kinderbüchern fand sie dann doch viel spannender. Seit 1991 arbeitet sie mit Kollegen in einem Studio in Amsterdam.

Der bunte Lesespaß